Rudolf Weiß

FÜRCHTET EUCH NICHT

Rudolf Weiß

FÜRCHTET EUCH NICHT

Texte der Zuversicht für Advent, Weihnachten
und alle anderen dunklen Zeiten

Illustrationen von Helmut Loder

NP
BUCHVERLAG

Titelseite:
Helmut Loder – „Licht aus der Höhe“. Mischtechnik, Acryl, Goldfarbe. 1997

Die Deutsche Bibliothek - CIP-Einheitsaufnahme

Weiß, Rudolf:
Fürchtet euch nicht : Texte der Zuversicht für Advent, Weihnachten
und alle anderen dunklen Zeiten / Rudolf Weiß. -
1. Aufl. - St. Pölten ; Wien : NP-Buchverl., 1997
ISBN 3-85326-079-9

1. Auflage 1997

Umschlaggestaltung:
Herbert Wiesensarter, Bad Fischau

Illustrationen:
Helmut Loder

Gesamtherstellung:
Niederösterreichisches Pressehaus
Druck- und Verlagsgesellschaft mbH
A-3100 St. Pölten, Gutenbergstraße 12

ISBN 3-85326-079-9

inhalt

8 **prolog**

11 wortschatz
12 im anfang
13 randfigur
14 uns kommt die nacht
15 aufbrechen
16 heruntergekommen
17 hörfehler
18 weihnachtsfeiern
19 warten
20 heute noch
21 hoffnung
21 von anfang an

22 **„... in die finsternis spüren"**

advent – zeit für die Sinne und die besinnung

25 advent
26 ein abc des advent
28 guter wille
29 weiße weihnacht
30 weg
31 er-wartung
32 begegnung
33 altes wort neu
34 aufmerksam werden
35 nur einer

36 **„... warum gott so klein wird"**

advent – menschwerdung gottes

39 böser traum
40 auch eine möglichkeit
41 morgengrauen
42 wort gottes
42 unberührt
43 und trotzdem
44 christus
45 jesus
46 gottes sohn
47 schlüsselkind
48 graue theorien
49 warum gott so klein wird

50 **„... und nichts ist uns heilig“**

weihnachten – das ermordete fest

53 einkaufsstraße
54 und die mutter hieß maria
55 heilende nacht
56 wunschzettel
57 vati feiert weihnachten
58 die hirten von heute
59 umkehr
60 unverdrossen
61 unwiderruflich
62 nochmal
63 verkleinerungslitanei

64 **„... mitten unter uns“**

weihnachten – obdach suchen für leib und seele

67 bethlehem
68 mitten unter ihnen
69 keine rolle
70 arbeitslos
71 straßeneröffnung
72 böses spiel
73 raumordnung
74 gedicht ohne lüge
75 zeichen der zeit
76 tröstlich
77 teil-erfolg

78 **„... wo die dornbüsche brennen“**

jesus – der in mir geboren werden muß

81 gott
82 wie tag und nacht
83 vielleicht
84 ortsangabe
85 steht noch immer
86 wunsch
87 warnung des wirtschaftsministers
88 nach innen gehen
89 bescherung
90 fragwürdig
91 was übrigbleibt

92 **„... schritte suchen gegen das abfinden“**

weihnachten – hochzeit für frieden und gerechtigkeit

95 neuinterpretation
96 keine chance
97 nachtstille
98 zusatz zur gute-nacht-geschichte
99 frieden
100 einwände
101 christ-kind
102 gerecht werden
103 bibelgespräch
104 romantik
105 was wäre das (maria loley gewidmet)

106 **epilog**

109 2000 n. chr.
110 hoffnung zu finden
111 verkehrt herum
112 lügen
113 vorsätze
114 fazit
114 keine hände
115 nach weihnachten
116 zehn vorschläge weihnachten zu feiern und nicht bloß herunterzubiegen
120 ochs und esel
120 verrückt

prolog

**Im Anfang war das Wort,
und das Wort war bei Gott,
und das Wort war Gott.
Im Anfang war es bei Gott.
Alles ist durch das Wort geworden,
und ohne das Wort wurde nichts, was geworden ist.
In ihm war das Leben
und das Leben war das Licht der Menschen.
Und das Licht leuchtet in der Finsternis,
und die Finsternis hat es nicht erfaßt
Joh 1,1–5**

Freudenlicht. Mischtechnik, Acryl, Blattgold. 1997

wortschatz

und das wort ist fleisch geworden
und hat unter uns gewohnt
hand und fuß hat es bekommen
von einer nacht auf die andere

und deswegen
sei nun verkündet
ein neues –
ein elftes gebot
ein einziges nur dazu –
uns allen in die wiege gelegt

fürchtet euch nicht
denn ein neuer stern
ist uns aufgegangen über nacht

im anfang

im anfang
war jesus ein goldiges kind
hold und mit lockigem haar
einer gebräuchlichen beschreibung zufolge
aus einfachsten verhältnissen zwar
aber weil die sterne günstig standen
gleich einmal
reich beschenkt von einigen
wanderwütigen astrologen

er hätte wohl alle chancen gehabt
im leben –
so eine art prototyp für amerikanische wunder –
als inhaber einer fischmäc-kette
(quasi im vorübergehen geangelt die verwirrten karpfen)
hätte er nicht auf andere wunder gesetzt
und vor allem nicht
sich selbst in den kopf
sie zu lieben
die menschen

randfigur

jesus –
vom anfang
bis zum ende
von bethlehem
bis golgota
an der seite
der außenseiter

die krippe
und das kreuz –
alles aus demselben holz

uns kommt die nacht

uns kommt die nacht
die jede schein-bar füllt
die uns umzingelt mit guten mienen
in der kartengrüße kränze legen
auf die einsamkeit

uns kommt die nacht
wo in den kasernen
personalmangel herrscht
und man sich ein lächeln
in die manteltaschen steckt

uns kommt die nacht
in der die liebe ihre zähne zeigt
und aug um aug steht
mit der flüchtigkeit

aufbrechen

in dieser gegend –
heißt es –
lagerten hirten auf freiem feld
und hielten nachtwache bei ihrer herde
ich lagere im schaukelstuhl
und halte nachtwache bei rtl plus
zu ihnen trat der engel des herrn
und sie fürchteten sich vor seinem glanz
ich finde mich wieder im schein des werbeblocks
und fürchte
daß es knapp und teuer wird
die hirten eilten hin und zurück
und fanden alles so
wie es ihnen gesagt worden war
ich eile dahin und dorthin
und es ist alles anders als versprochen
aber deswegen tauschen?
ich glaube nicht

heruntergekommen

ein gott
der nicht oben bleibt
nicht hoch und heilig

ein gott
der herabsteigt
ein heruntergekommener gott
den karren aus dem dreck zu ziehen

dafür wird er
blutiger anfänger in dieser nacht

und wir –
wir putzen ihn auf
mit strohsternen und lametta

hörfehler

was heuer
zu weihnachten
wieder auf uns zukommt
ist die krippe

viele leute
lassen sich
– wenn sie das hören –
vorsorglich
dagegen impfen
um sich nicht
den schiurlaub
verderben zu lassen

weihnachtsfeiern

die menschen
feiern weihnachten –
und das intensiver als je zuvor
schlagzeilte eine zeitung

dies mache sich
vor allem durch eines
bemerkbar –
durch das sprunghafte ansteigen
von planquadraten und
entzogenen führerscheinen
ab mitte november

warten

advent –
die zeit des wartens

warten auf sinn
warten auf hoffnung
warten auf menschlichkeit

den sinn warten
die hoffnung warten
und
die menschlichkeit

worauf
warten wir eigentlich?

heute noch

heute noch hinaus
und den alltag einfach
liegen lassen am schreibtisch

zaghaft begehe ich
die zwecklosigkeit
jeder schritt wird geschenk

in den äckern blüht die stille
am himmel schminkt sich
der abend und winkt

wie lang die zeit hier ist
wie voll ein gedanke

jetzt noch
den hügel hinauf

ja –
weihnachten ist in sicht

hoffnung

stille nacht
gott wird mensch

hoffentlich
ist er
nicht der einzige

von anfang an

die hirten
waren damals das letzte

und wurden die ersten
von anfang an
galt das reich
den armen

„... in die finsternis spüren"
advent – zeit für die sinne und die besinnung

In jenen Tagen trat Johannes, der Täufer auf
und verkündete in der Wüste von Judäa: Kehrt um,
denn das Himmelreich ist nahe. Er war es, von dem
der Prophet Jesaja gesagt hat:
Eine Stimme ruft in der Wüste:
Bereitet dem Herrn den Weg.
Ebnet ihm die Straßen.
Mt 3,1–3

Advent. Mischtechnik, Acryl, Blattgold. 1997

advent

sehnsucht schnitzen
nach stille

zeit suchen
mich in mir weiterzufragen
nach diesem bethlehem

und manchmal schon
eine zeit haben
die so still ist
daß ich die seele
knistern höre

ein abc des advent

a wie ankommen
… das wird es wohl auch auf mich.
b wie bald
wie bahnbrechendes tun gottes
c wie chance etwas in sich sterben zu lassen
und neues zu gebären
d wie dank für das du-wort
das gott uns anbietet
e wie erdung gottes aus heiterem himmel
f wie friede einfach friede
denn mehr kann es einfach nicht geben
g wie guter hoffnung sein
h wie heil
wie heilende nacht
i wie ich selbst
der mit weihnachten gemeint ist
j wie ja sagen zum wachsen gottes in mir selbst
k wie kind – wie kind gottes
und das kauen daran
es ein leben lang zu bleiben
l wie licht sein für das
was die einsamkeit schwarz malt

m wie macht der zärtlichkeit und wie das morgen
das sie fortspinnt aus der stillen nacht
n wie neugeburt der menschlichkeit
o wie ostern das nicht mehr weit ist
p wie preisen
nicht wie preis und
q wie quelle
nicht wie qual der wahl
r wie ruhe finden und ruhe geben
s wie sprachlos werden vor dem fleischgewordenen wort
t wie trösten
u wie ufer finden für die zweifel
v wie vergeben und vergessen
was vergiftet war
w wie wandeln
wie wandern nach betlehem
x und y für all das unbekannte
das menschen im verborgenen tun und das zu gut ist
für die nachrichtensendung im fernsehen
z wie zeit
zeit schenken und
zeit haben für den höchsten –
vielleicht ist es dafür höchste zeit …

guter wille

er gäbe zu
so genau hätte er nicht zugehört
wie meistens bei der lesung –
ist ja sowieso immer dasselbe
sie wissen schon –
aber dann doch was interessantes aufgeschnappt
von *„berge abtragen und hügel"*
und *„die straßen eben machen"*
und deswegen sei er
gleich in die sakristei gekommen
vielleicht könne er was tun diesbezüglich –
so sagte er
der herr von pittel und brausewetter

weiße weihnacht

tauet himmel
den gerechten
wolken regnet ihn herab
tönt es im kirchenschiff
aus knochigen kehlen
und das wetter hält sich daran

schöne bescherung
flucht die gesamte tourismusbranche
vermißt schmerzlich
die herbergsuchenden
trauert den weißen weihnachten nach
und hält verbissen den mund

weg

wenn du
dein bethlehem suchst
dann geh nicht dem schein nach
und laß dich nicht verführen
von den lichtschlangen der schlaufüchse
halte nicht ausschau nach dir
im glitzer der glaskugeln
und in den kapellen des käuflichen

begib dich ins dunkle
und gib dich der nacht
du wirst dich finden
im warm einer krippe
die hirten deines versagens schleichen vorbei
und flüstern
seht ein kind gottes

er-wartung

ich will sie dir weihen –
meine nacht
und breche ihn auf –
den verschlag in meinem innern

ich will sie dir weihen –
meine nacht
will wahrhaben
was falsch läuft
und stemme den staub
vom schimmel der gewohnheit

ich will sie dir weihen –
meine nacht
ganz sauber bekomme ich mich nicht
aber ställe – die bist du ja gewohnt

begegnung

das licht des tages
zieht den kürzeren
im advent
lang und breit kann ich der nacht
meine geschichten erzählen
sie legt mir fährten
in meine finsternis
und ich lasse mich führen
auf die karge felsige weide
meines selbst

vielleicht dort erst
daß mir ein engel begegnet
mich sucht
und mir zuspricht
fürchte dich nicht

altes wort neu

als die hirten zurückkamen
war alles beim alten –
die dreckigen schafe
das abgenagte feld
die stinkenden zelte
die beißende kälte
und die sterne
die fest und faul am himmel hingen

doch alte worte
klangen wie neu in ihren ohren
der herr läßt uns lagern
auf grünender weide –
und abgedroschene sätze
sprachen neu aus ihren augen –
muß ich auch wandern
im finsteren tal
ich fürchte kein unheil
der herr ist bei mir

aufmerksam werden

auf die vorfreude der kinder
auf den duft vom backofen her
auf wärme und kälte
die sich streiten am fenster
auf das fest
das langsam einzieht ins haus
auf die kostbarkeit des grüns
der tannenzweige
auf die worte der anderen
die eine spur behutsamer sind
auf den alltag
der nicht mehr wie alle tage ist
und auf die nacht
die sich gerade jetzt so breitmacht wie nie

aufmerksam werden auf gott
der schon auf der suche nach herbergen ist

nur einer

nur einer
wird kommen
die hoffnung zu reparieren

und
ist bloß ein kind

hat nichts in der hand
hat nichts in der tasche
außer die liebe

– das
würde genügen

„… warum gott so klein wird"
advent – menschwerdung gottes

Sagt den Verzagten: Habt Mut. Fürchtet euch nicht. Seht, hier ist euer Gott. Die Rache Gottes wird kommen und seine Vergeltung; er selbst wird kommen und euch erretten. Dann werden die Augen der Blinden geöffnet, auch die Ohren der Tauben sind wieder offen. Dann springt der Lahme wie ein Hirsch, die Zunge des Stummen jauchzt auf. In der Wüste brechen Quellen hervor, und Bäche fließen in der Steppe. Der glühende Sand wird zum Teich und das durstige Land zu sprudelnden Quellen.
Jes 35,4–7

AufBruch. Mischtechnik, Acryl, Alu. 1997

böser traum

josef war im besitz von visa-karten
oberbürgermeister
und meister der freunderlwirtschaft
er und seine werte gattin
fanden bequem
platz in der besten adresse
des ortes
weil er wie immer rechtzeitig
drauf schaute daß man's hat
wenn man's braucht

die hirten
schlichen zurück
in ihre dunkelheit
wir haben niemanden gefunden
sagten sie den kindern
den alten
wir haben geträumt

auch eine möglichkeit

da die hirten ihn abtaten
als faulen zauber
den engel
und nur sie selbst
noch fauler waren
da die jogger aus dem morgenland
kehrt machten
als es kalt und abend wurde
wurde nichts daraus

jesus hielt dicht
und trieb sich lieber
auf jenen hochzeiten herum
wo sie genug des weines hatten
später –
so erzählt man
hätte er der weidegenossenschaft
von bethlehem
ein paar schafe spendiert
für das
was sie ihm erspart hätten

morgengrauen

und als
der morgen graute
ochs und esel
schrieen vor hunger
das kind plärrte
die steuerfahnder warteten
herodes seine mordbuben schickte
und der stern
abgeblättert in einer ecke lag
da sagte maria zu josef
siehe ich bin die magd des herrn

wort gottes

jesus
nicht in der krippe bleibst du liegen
nicht im grab
großes wirst du tun
an den menschen
größer wirst du sein
selbst als der tod

pilatus und die pharisäer –
sie hatten nicht das letzte wort

und josef
nicht das erste

unberührt

nicht
ob maria
unberührt blieb

sondern
ob ich unberührt bleibe –

das ist die einzig
entscheidende frage

und trotzdem

kein kreißsaal
und keine hebamme
kein ultraschall
und kein kardiotokograph
kein arzt
und kein sofortkamerabild

nur die eltern –
alleingelassen mit ihrer geburt

… und eine krippe
hygiene null komma josef

und trotzdem –
die geburt eines menschen
wie nie mehr einer
geboren wird

christus

es hat wohl seine gründe
daß das kind
in der krippe
ein junge war
und christus demnach
ein mann

als christa
wär es vielleicht
gar nicht so aufgefallen
dieses übermaß
an menschlichkeit

jesus

jesus
kein zauberer
kein superstar
kein automat gottes auf erden
kein außerirdischer
kein wunderheiler
kein allmächtiger
kein management-guru

jesus war mensch
das ist das einzige
was ihn von uns unterschied

gottes sohn

jesus –
gottes sohn

in seiner liebe
in seiner güte
in seiner gerechtigkeit

in seiner neugier
in seinem wort
und seinen taten

in seinem denken
in seinem sein
und seiner ohnmacht

ganz der vater

schlüsselkind

und das wort ist fleisch geworden
und hat unter uns gewohnt
doch als du jesus
deine ersten worte sprachst
da hatte man dich schon vertrieben
und als du in nazareth sprachst
da warfen sie dir steine nach
und als du vom berg her sprachst
da schüttelten sie den kopf
und als du mit taten sprachst
da kamen sie dir mit gesetzen
als du endlich den mund hieltst
da schlugen sie dich ans kreuz
und stopften dir das maul mit einem essigschwamm

doch dein wort ist nicht verstummt jesus
auch wenn wir ihm goldene käfige bauen –
wir kircheln es nie ganz tot jesus
denn immer noch gibt es sternzeichen in der kirchennacht
zieht es aus – dein wort
zieht es hinaus zu den ställen von heute
um neu geboren zu werden

graue theorien

vielleicht –
ich weiß es nicht
könnte man alles kaufen
… ein paar liter wasser auf jeden fall
ein reagenzglas sicher auch
blut – kein problem bei diesen mengen
chromosomen
aminosäuren und
desoxyribonuklein wären
vielleicht auch zu besorgen
irgendwie – glaube ich –
könnte man alles besorgen
was einen menschen ergibt

nur
die arbeitszeit gottes
nicht

warum gott so klein wird

damit er nicht mich klein macht
damit ich vor dem berühren
nicht erschrecke
damit ich mitwachsen kann
damit ich antworten kann
damit er nicht von oben herab
mit mir reden kann

warum gott so klein wird –
damit wir zusammen
in mein herz passen

„… und nichts ist uns heilig“
weihnachten – das ermordete fest

Ach kämst du doch denen entgegen, die tun, was recht ist und nachdenken über deine Wege. Ja, du warst zornig, denn wir haben gegen dich gesündigt, von Urzeit an sind wir treulos geworden. Unrein sind wir alle geworden, unsere ganze Gerechtigkeit ist wie ein schmutziges Kleid. Wie Laub sind wir alle verwelkt, unsere Schuld trägt uns fort wie der Wind. Niemand ruft deinen Namen an, keiner rafft sich dazu auf, festzuhalten an dir.
Jes 64,4–6

NEUanfang. Mischtechnik, Acryl. 1997

einkaufsstraße

in den geschäften
hocken weihnachtslieder
alles wird käuflich –
freude im sonderangebot
strahlende kinderaugen
mit rückgaberecht
liebe mit rostgarantie

ein abend
familienleben
wird hastig
in pakete verpackt

und die mutter hieß maria

ich bin arbeitslos
ich habe meinen vater nie gekannt
und meine mutter hieß maria
alle jahre vor weihnachten
kam sie mich besuchen im kinderheim

ich schlage mich so durch
gelegenheitsarbeiten
menschlicher sondermüll

ich fürchte diese winter
manchmal möchte ich einfach
in diese erde kriechen wie ein wurm
und jetzt steh ich da
auf der mariahilferstraße
wo keine maria hilft
neun stunden schon
fünfundvierzig schillinge die stunde
muß zettel verteilen
und zuckerl an die kinder
muß grinsen und grinsen
ich bin heute
der gerngroß-weihnachtsmann

heilende nacht

endlich
klingeln die kassen
zur letzten runde
im krieg ertönt der pausenpfiff
die alte bekommt bonbonnierenbesuch
und am bahnhof
alkoholen sich die obdachlosen
rund ums warme kerzenlicht
in den tv-kanälen
tummeln sich heute fromme sprüche
die welt rüstet auf für das liebesgemetzel
diese nacht lang ist alles gut
denn wir wissen
nichts hält mehr still
am kommenden tag
und nichts ist uns heilig

wunschzettel

liebes christkind
nichts für ungut
aber schön langsam
hab ich genug
von ferngesteuerten robotern
videospielen und plüsch-garfields

schenk mir bitte einmal
einen richtigen papa
einen
der nicht dauernd sagt
gib ruh ich hab keine zeit

wenn erwachsen sein
so anstrengend ist
dann möchte ich es
gar nicht werden

vati feiert weihnachten

vati feiert weihnachten
der christbaum im paint sieht ganz gut aus
er hat jedem von uns einen ausgedruckt
im excel dagegen herrscht trauer
da kann auch die
weihnachtslieder-cd nichts ändern
die aus den neuen active-boxen säuselt –
die gesamtausgaben übersteigen
den wert der erhofften geschenke
bei weitem
soviel kann gar nicht hereinkommen
sparen ist also angesagt
liebe grüße chattet er
nur an die engsten freunde im internet
vati feiert weihnachten
stört ihn nicht dabei

die hirten von heute

die hirten von heute
haben ihre schäfchen längst
ins trockene gebracht
im magnet-feld aus angebot und nachfrage
irren sie umher
und bringen ein bißchen licht
in ihr leben mit klingender münze

oben im himmel
tröstet gott seinen frustrierten engel
er hätte keine chance mehr
gegen die weihnachtsbeleuchtung
kein mensch würde ihn sehen

umkehr

und als sie
dem stern wieder folgten
unübersehbar im hochglanzprospekt –
da fanden sie ein schild vor –
die drei aus dem osten
der kunde sei könig
und sie fanden den stern
festgeschraubt an der motorhaube

also beweihräucherten sie
das geschäftslokal
tauschten das gold
und fuhren wieder nach hause
mit vollkasko
und 130 ps

unverdrossen

die sätze der engel –
dem umsatz
ins visier geraten
auf den müllbergen
klettern die wachstums-ratten
in ungeahnte höhen
ungeniert
blüht der profit

und immer noch
unverdrossen
und nicht mal gen-manipuliert
die barbarazweige

unwiderruflich

als ich unlängst
einen sogenannten
adventkalender für erwachsene
in die hände bekam –
tituliert mit
– die wahrheit über weihnachten –
und gleich im ersten fenster
ein pärchen fand
das mächtig bei der sache war
da sagte ich zum engel neben mir
fürchtet euch vor dieser welt
und macht lieber eine zigarrettenpause
in dieser entheiligten nacht

er lächelte nur und sagte
wo werd ich sie denn herbekommen
deine glimmstengel

und immer noch
standen wir
vor dieser trafik

nochmal

alles funktioniert wunderbar
dachte sich gott
das licht leuchtet
und die finsternis malt schwarz
daß es eine freude ist
die vögel fliegen die fische wimmeln
und nicht einmal
der giraffenhals ist abgebrochen
alles funktioniert wunderbar
dachte sich der liebe gott
nur am sechsten tag
am späten nachmittag
da muß ich schon ein bißchen müde gewesen sein
der mensch der haut noch nicht so richtig hin

und er heckte einen plan aus
rief seinen junior zu sich
weihte ihn kurz ein
klopfte ihm auf die schulter
und sagte
komm zeigs ihnen einmal

verkleinerungslitanei

du messias der menschen
du retter der welt
du fleischgewordenes wort
du anwalt der armen
du friedensfürst
du vehikel der wirtschaft
du liebkind der verpackungsindustrie
du kinderlähmung des glaubens
du blondlocke an den haaren herbeigezogener geschichten
du lustknabe der schnulzensänger
du halbe portion inmitten der adventgelage
du marzipanwicht
du rettender strohhalm
du vergessener grund
du – grundlose hoffnung
bitte für uns

„… mitten unter uns“
weihnachten – obdach suchen für leib und seele

So zog auch Josef von der Stadt Nazareth in Galiläa hinauf nach Judäa in die Stadt Davids, die Betlehem heißt; denn er war aus dem Haus und Geschlecht Davids. Er wollte sich eintragen lassen mit Maria, seiner Verlobten, die ein Kind erwartete. Als sie dort waren, kam für Maria die Zeit ihrer Niederkunft, und sie gebar ihren Sohn, den Erstgeborenen. Sie wickelte ihn in Windeln und legte ihn in eine Krippe. weil in der Herberge kein Platz für sie war. In jener Gegend lagerten Hirten auf freiem Feld und hielten Nachtwache bei ihrer Herde. Da trat der Engel des Herrn zu ihnen, und der Glanz des Herrn umstrahlte sie.
Sie fürchteten sich sehr, der Engel aber sagte zu ihnen: Fürchtet euch nicht, denn ich verkünde euch eine große Freude, die dem ganzen Volk zuteil werden soll: Heute ist euch in der Stadt Davids der Retter geboren, er ist der Messias, der Herr.
Lk 2,4–11

Gott kommt! Mischtechnik, Acryl, Alu, Goldfarbe. 1997

bethlehem

und sie gebar ihr erstgeborenes
wickelte es in hofer windeln und legte es weg
vor die tür der barmherzigen brüder

was hätte sie sonst auch tun sollen
mit 15 als heimkind ausgerissen
seither wechselnden aufenthalts
sie hatte keinen josef
sie wußte nicht einmal
ob er wirklich peter geheißen hatte
sie hatte keinen stall und keine krippe
sondern eine parkbank
was sie hatte war angst
und das notwendigste in einer tasche
aber dann hatte es tatsächlich geschrieen
und sie war für einen augenblick lang glücklich gewesen
es soll david heißen
hatte sie gedacht
und es soll einmal einen richtigen familiennamen haben

dann hat sie es weggelegt
und noch eine weile gewartet im eingang gegenüber
bis man es fand
sie würde morgen eine zeitung kaufen und wissen
daß es ihm gut geht
das war ihr weihnachtswunsch

Mitten unter ihnen

Weil Gott ein gnädiger Gott ist, ließ er die Pfarre schon zwei Tage vor der Christmette davon informieren, daß er diesmal nicht daran denke, seinen Sohn als Kind in der Krippe zu den Menschen zu senden, sondern als 31jährigen erwachsenen Mann. Man kann sich vorstellen, daß diese Meldung große Verwirrung und Unruhe in der Pfarre auslöste. Nicht nur, daß der Kirchenchor seine rührseligen Lieder nicht singen konnte; nein – auch alles andere war völlig ungeklärt: wo man ihn denn hinsetzen solle, diesen Jesus, ob er am Ende gar vorhätte, selbst zu zelebrieren oder zu predigen und das noch dazu ohne Priesterweihe! Wer würde eine angemessene Laudatio halten, zumindest ein Bischof müßte doch her, wer die „Seitenblicke" informieren oder gar die Zib 2, wer dem Anlaß entsprechende Kleidung bereithalten, wer weiß schon, wie der daherkommen wird ..., kurzum: wie sollte man sich am besten verhalten, wenn da plötzlich einer kommt, den man eigentlich überhaupt nicht kennt!
Eilends wurde eine Krisensitzung des Pfarrgemeinderates einberufen, doch es war aussichtslos: für einen derartigen Fall war man einfach nicht gerüstet. Und da nicht einmal im theologischen Lexikon und im Pastoralamt der Erzdiözese dafür etwas aufzutreiben war, begann die Gemeinde der Sache schließlich zu mißtrauen. Vielleicht hatte sich da jemand einen schlechten Scherz erlaubt, so sagte man und es wurde beschlossen, einfach alles wie gewöhnlich ablaufen zu lassen. Und dementsprechend war die Mette dann auch – mit Kirchenchor und Stille Nacht, ohne Bischof und mit dieser putzigen kleinen Holzkrippe, die etwas verloren und wurmstichig vor dem Altar stand. Manche blickten sich verstohlen um, ob dieser Jesus nicht doch irgendwo unvermutet auftaucht, aber der einzige, der vom Alter her in Frage gekommen wäre, war ein orts- und sattsam bekannter Sozialfall, 31, arbeitslos und alleinstehend. Die meisten sahen ihn nicht einmal und niemand gab ihm nachher die Hand – dabei war ER mitten unter ihnen und es war Weihnachten.

keine rolle

ein engel erschien
und eine frau sagte
siehe ich bin die magd des herrn
so hat begonnen
was die gesamte geschichte teilte
in ein davor und ein danach

am entscheidendsten punkt
der weltgeschichte hat
der mann
keine rolle gespielt

arbeitslos

das stundenlange
gedankenschälen
am frühstückstisch
das reden
mit den radiosprechern
das totschlagern der zeit
das einsame wandern
der finger
über taube zeitungsannoncen
die vier wände
die jedem kopf standhalten
kein licht und kein engel
nur das harte brot –
ganz allein
zu brechen

straßeneröffnung

einmal
jene dabei sehen
die wirk-lich dabei waren
die kemals und mustafas
mit ihren staublungen und schwielen
nun den letzten handgriff zu tun
den einfachsten aller
den scherenschnitt
ein bißchen nur
zu teilen
die ruhmesblätter
den kies

böses spiel

wenn
die abendausgabe
jener zeitung
die mit ihrer schlag-zeile
ausländer
als kriminelle verkauft
auch noch
ausschließlich
von ausländern
verkauft wird

raumordnung

den kleinen k
aktus von gan
z oben herunt
er die plastikblume
n dazu auf den bode
n dann die handtüch
er das klopapier das alte
album aus izmir das münza
lbum längst leer dann das
kaffeeservice noch im karton de
n porzellanelefanten und das ko
fferradio jetzt das fenster öff
nen für minuten fenster schließen rad
io zurück den elefanten das kaffeeser
vice aufpassen die alben wieder drauf
damals hat der vater noch gelebt dann das k
lopapier die handtücher die plastikrosen un
d den kaktus schließlich wieder ganz hinauf

gedicht ohne lüge

unter niederösterreichern fühle ich mich wohl
unter oberösterreichern fühle ich mich wohl
unter tirolern fühle ich mich wohl
unter wienern fühle ich mich wohl
unter österreichern fühle ich mich wohl
unter schweizern fühle ich mich wohl
unter italienern fühle ich mich wohl
unter deutschen fühle ich mich wohl
unter slowaken fühle ich mich wohl
unter kroaten fühle ich mich wohl
unter türken fühle ich mich wohl
unter dänen fühle ich mich wohl
unter nigerianern fühle ich mich wohl
unter meidlingern fühle ich mich wohl
ich bin eine steinerne parkbank

zeichen der zeit

wenn die sonne am tiefpunkt ist
und die finsternis floriert
dann dauert's kaum drei tage
und gott tritt ins leben

und wenn das leben am tiefpunkt ist
und der tod seine hand
über die grabhöhle hält
dann wälzt er die steine fort
der dritte tag
und gott tritt zurück ins leben

und die
die immer noch schwarz sehen
und es ist schon der siebenundzwanzigste tag?

hab etwa ich
darauf vergessen
einer der engel zu sein?

tröstlich

tröstlich
für diese zeit jetzt
wo feuer am dach ist
der haß verbrieft
und unser ganzer mut
gemütlich
in fernsehsesseln …

… ein alter schmied
hat's mir gesagt …
nur heiße eisen
lassen sich
in die richtige
richtung biegen

teil-erfolg

mir geht der junge
nicht aus dem kopf –
der mit den fünf broten
und den zwei fischen
die er mühsam mitgeschleppt hat
auf den berg –
und die er
als es ernst wird
und alle anderen
auf ihren freßsäcken sitzen
herausrückt
so mir nichts dir aber was
herausrückt
ein kleiner junge
dem das wasser schon im mund steht
und später vielleicht auch in den augen
als er sieht
wie die wunder geschehen
und einer nach dem anderen
seine taschen öffnet
und die worte zu taten werden
und alle satt werden
die so gehungert hatten
nach einem zeichen
daß es möglich ist

„... wo die dornbüsche brennen"
jesus – der in mir geboren werden muß

Von Herzen will ich mich freuen über den Herrn. Meine Seele soll jubeln über meinen Gott. Denn er kleidet mich in Gewänder des Heils, er hüllt mich in den Mantel der Gerechtigkeit, wie ein Bräutigam sich festlich schmückt und wie eine Braut ihr Geschmeide anlegt.
Jes 61,10

In die Mitte der Welt. Mischtechnik, Acryl, Alu, Blattgold. 1997

gott

ein gott
der heruntersteigt
von seinem hohen thron
solange wir kauen
an unserer mensch-werdung

ein gott
der selbst zum menschen wird
daß endlich wahr sei das alte wort
vom ebenbild gottes

ein gott
der uns nahe kommt

ein gott
der uns nahe geht?

wie tag und nacht

was wären wir
ohne diese geburt
eine nestlose nacht
die nie zum tage wird

was wären wir
ohne diese geburt
ein tauber barbarischer tag
der nie zur nacht wird

was wären wir
ohne diese geburt
ohne diesen merkwürdigen gott
der einfach die seite wechselt
und sich teilbietet
in unserer finsternis

vielleicht

vielleicht
es annehmen
dieses kind
ihm auf die beine helfen
in meiner abwegigkeit
und meine ohren auftun
seinem schrei

vielleicht
es annehmen
dieses kind
ihm festen boden geben
in meiner abgründigkeit
und es nicht
länger verschaukeln

ortsangabe

wo liegt betlehem
betlehem liegt cirka
zehn kilometer
im süden von jerusalem

wo liegt betlehem
betlehem liegt
770 meter über dem meeresspiegel

wo liegt betlehem
betlehem liegt an einer
alten karawanenstraße
hinüber nach hebron und ägypten

wo liegt dieses betlehem
wo gott selbst hand und fuß bekommt

betlehem –
du anfang der arm-seligkeit
du urschrei der hoffnung
du liegst in meiner hand

steht noch immer

zweitausend jahre –
dieser uralte stall
– und steht noch immer

abbruchreif
vermodert
kaum mehr zu finden
– und steht noch immer

unter raketenbeschuß
geschenkbombardements
im radarkreuz
des wohl-oder-übel-stands
– und steht noch immer

weil sein grund die sehnsucht ist
und sein dach die hoffnung
weil sein trog der friede ist
und seine stätte
in uns

wunsch

was ich mir heuer
zu weihnachten wünsche –
immer wieder
zuversicht
die barrikaden baut
gegen die angst
den kommandozentralen
stille nächte
und den engeln
die immer noch
frohbotschaft hervorkramen
irgendwo
einen langen atem

warnung des wirtschaftsministers

einige familien
machen bei weihnachten
nicht mehr mit
sie sausen in keine geschäfte
belagern keinen christkindlmarkt
tun nicht das geringste für fischhändler
pfeifen auf stillenacht-cds
und stehlen dem fernsehen
die weihnachtsshow
beim krippe basteln
einige familien machen
bei weihnachten
nicht mehr mit
sie setzen sich einfach nur zusammen
beten miteinander
gehen in die mette
und freuen sich
wenn auf dem weg dorthin leise der schnee fällt

nach innen gehen

nach innen gehen

draußen lassen
das eisige licht
der einkaufsstraßen
der neonverheißung

nach innen gehen

bis an den saum der seele
bis ans ufer der wüste
bis dorthin
wo die dornbüsche brennen

bescherung

und dann
brennt er
der baum
und verbrennt nicht
und wir haben keine schuhe an
und die augen voll und das herz
und ich seh euch an
so heimlich von der seite –
und alles
was er damals vernommen hat –
der alte mose
am horeb-berg oben –
all das
seh ich euch an

fragwürdig

wie groß
und wie schwer –
so fragen wir üblicherweise
nach einer geburt

doch wen
soll ich fragen
angesichts dieses unüblichen
wurfs der geschichte
in einem judäischen stall

wen soll ich fragen
wenn nicht mich selbst
um die größe dieses jesus

und
sein gewicht

was übrigbleibt

vorschlag für weihnachten –
eine weile hinsetzen
nachdem alles gerichtet
und der christbaum aufgeputzt ist

eine weile hinsetzen
und die gedanken richten
ein wenig kratzen an der selbstverständlichkeit
und aufräumen mit den kindermärchen

– dann sehen
was übrigbleibt
und gegebenenfalls
die krippe unterm baum
wieder ein bißchen
in den vordergrund rücken

„... schritte suchen gegen das abfinden“
weihnachten – hochzeit für frieden und gerechtigkeit

Gerechtigkeit ist der Gürtel um seine Hüften, Treue der Gürtel um seinen Leib. Dann wohnt der Wolf beim Lamm, der Panther liegt beim Böcklein. Kalb und Löwe weiden zusammen, ein kleiner Knabe kann sie hüten. Kuh und Bärin freunden sich an, ihre Jungen liegen beieinander. Der Löwe frißt Stroh wie das Rind. Der Säugling spielt vor dem Schlupfloch der Natter, das Kind streckt seine Hand in die Höhle der Schlange. Man tut nichts Böses mehr und begeht kein Verbrechen auf meinem ganzen heiligen Berg; denn das Land ist erfüllt von der Erkenntnis des Herrn so wie das Meer mit Wasser gefüllt ist.
Jes 11,5–9

Gloria in Excelsis. Mischtechnik, Acryl, Alu, Goldfarbe. 1997

neuinterpretation

gerechtigkeit
wird sein
sprach einst jesaja
und wir hören es im advent –
da tut man nichts böses mehr
der wolf wohnt beim lamm
kalb und löwe weiden zusammen
kuh und bärin
freunden sich an

dort mag sie sein
die gerechtigkeit
wo sich fuchs und henne
gute nacht sagen
findet sich heute
rasch ein ähnliches bild
und schon wissen wir
wie er es vielleicht
gemeint haben wird

keine chance

heute
hätte er keine chance

zu viele radaranlagen
zu perfekt die luftraumüberwachung
keine chance
bei all den abwehrraketen

keine zehn meter
käme er über die grenze
geschweige denn
bis zur baracke in bethlehem

er würde
einfach abgeschossen
– dieser stern

nachtstille

fürchtet euch nicht
ihr seid keine kinder mehr –
sagte der oberstleutnant
zu den soldaten seiner luftabwehr
ihr werdet finden
was zu finden ist
auf den radarschirmen
den schlachtfeldern

und laßt euch nicht beirren –
mit engeln und sternen
ist heute nicht zu rechnen

zusatz zur gute-nacht-geschichte

an den hebeln
am drücker
am sagen
nur männer
die märchen
schon längst vergessen haben

keine sterntaler –
tochter
es sind bomben
wenn es nachts
am bildschirm
gelb und heiß
vom himmel tropft

frieden

wie gut
daß das
was nachts
vom himmel fiel
nichts als regen war
und das
was morgens
vor der haustür liegt
vom bäcker kommt

die kinder
den nachmittag
im weinberg verschlendern
und die schnecken
belassen können
in ihren häusern

einwände

wo kämen wir denn da hin
fragen wir
wenn alle das gleiche hätten

wo kämen wir denn hin
fragen wir
wenn es keinen unterschied mehr gibt

wo kämen wir denn da hin
so fragen wir
wenn die leistung nicht mehr zählt

in den himmel
wollen wir
nicht

christ-kind

als er
eines sonntags
kurz nach weihnachten
und kurz vor dem essen
einen menschen zeichnete –
mein fünfjähriger –
mit einem siebzigmal
zu langen arm
voll beladen mit paprikaschnitzel
damit er bis afrika reiche
zu den kindern
mit den großen augen

da wurde
alles ein bißchen anders –
das beten vor dem vollen tisch
der geschmack der suppe
das weglegen der löffel

gerecht werden

gerecht werden –
uns selbst
und unseren fähigkeiten
dem nächsten und seiner not
gott und seiner geheimschrift
der welt
ihren wunden und wundern

dann gelingt das leben
dann langt es für jeden

denn dem
der es längst
von den bergen rief
geben wir recht

der
der sich so erniedrigte –
der gibt uns berge

bibelgespräch

wir sprachen
über gerechtigkeit
und ähnlich kirchenferne dinge
über die wies und wos
und wiesos
und wann denn endlich
und überhaupt
und immer weiter
und immer gescheiter
und drei flaschen veltliner am tisch

von diesem abend
weiß ich nur noch eins –
daß nämlich der alte bauer
von seinem wein erzählte
– und daß der bestimmt nicht
in seiner flasche wächst

romantik

ist ein putziges fest geworden
dieses weihnachten
denk ich mir –
perfekt verdrängt die kälte des stalls
das uneheliche kind
die armut der hirten
die besatzungsmacht der römer
und die volkszählung
die einer steuerfahndung gleichkam
und während ich mich hinsetze
um endlich auch eine wirklich
berührende geschichte mit romantischem
stallgeruch aufzutischen
erzählt mir der nachrichtensprecher
von deutschland und einer christmette
und einer 49jährigen
der weihnachten ein bißchen zuviel wurde
und die sich weggeputzt hat
mitten in der kirche
mit zwei handgranaten
und zwei ältere damen dazu

was wäre das
(maria loley gewidmet)

was wäre das
nur von trümmerfeldern
zu ernten
tag für tag

ohne
die alten
tröstlichen worte
vom feld und vom berg her

ohne den engel
den hiob
die uns am kreuzweg stehen
ohne die vielen
die leicht wie schmetterlinge
aus den planierraupen
der gleichgültigkeit steigen
und das untragbare
vertragen
in alle winde

epilog

Das wahre Licht, das jeden Menschen erleuchtet,
kam in die Welt.
Er war in der Welt
und die Welt ist durch ihn geworden,
aber die Welt erkannte ihn nicht.
Er kam in sein Eigentum,
aber die Seinen nahmen ihn nicht auf.
Allen aber, die ihn aufnahmen,
gab er Macht,
Kinder Gottes zu werden.
Joh 1,9–12

Gotteslicht. Mischtechnik, Acryl, Goldfarbe. 1997

2000 n. chr.

deine zeit
jesus
ist noch nicht gekommen
die zeit
jesus
ist noch nicht reif für dich
deine zeit
jesus
läßt sich verdammt viel zeit
zeit ist geld
jesus
zeitgeist jesus
nicht heiliger geist

doch immerhin jesus
du zweitausendnachchristus –
zumindest gerechnet wird noch mit dir

hoffnung zu finden

die weisen damals
aus dem land des morgens
die aufbrachen
nach den sternen zu greifen
hoffnung zu finden
und gerechtigkeit
die suchende wurden
und schritte fanden
gegen das abfinden

– sie müssen
des nachts
gegangen sein
– im dumpfen dunkel
des zweifelns

verkehrt herum

ich möchte den sinn wieder finden
den der dunkelheit
und des wachsenden lichts
nicht lauffeuer verbreiten die kunde –
geruhsam
gedeiht uns am kranz
was schließlich am baum dann erblüht

die wirtschaft aber
läuft verkehrt herum
schon im oktober beginnen die
niko-lausigen geschäfte
dann der große feldzug mit
lichtorgeln elektroengeln
und neon volles rohr –
dafür wird's nachher
finster lichterloh

lügen

in der ehemaligen DDR
durfte es kein christkind geben
und sogar die „engel" waren gefährlich
diese wurden in „neujahrsmänner mit flügeln" umbenannt

bei uns gibt es das christkind noch
doch erstens eignen sich
weihnachtsmänner besser fürs geschäft
und zweitens kommt man
mit spätestens sechs jahren drauf
daß das wie auch alles andere
eigentlich nur ein
märchen war

vorsätze

das geschenkpapier werden wir wiederverwenden
beim erdäpfelsalat reicht die halbe menge
und vielleicht doch einen kübel zum baum
aufschreiben wo die krippe hingeräumt wird
schischuhe bald umtauschen
die rechnung nicht verschlampen
auto waschen morgen hast du zeit
der christbaum der kommt auch bald hinaus
nadelt furchtbar das ding
und das kind? welches kind?

ach, das werden wir schon irgendwie schaukeln

fazit

ausgepackt die geschenke
der weihnachtsfriede kann
wieder einpacken gehen
in den kirchen
das übliche
minderheitenprogramm

die hoffnung bewaffnet
mit glaskugeln

aus lametta
die silberstreifen
am horizont

keine hände

christus hat keine hände
nur unsere hände
heißt es
in einem gebet
aus dem 14. jahrhundert
christus verläßt sich auf uns
er rechnet mit uns

mit uns
den contergankindern gottes

nach weihnachten

ich bin froh
daß alles vorbei ist
sagen wir
nach weihnachten

das war
eigentlich
erst der anfang
sagt gott
nach weihnachten

wieder einmal
haben wir uns gründlich
mißverstanden

zehn vorschläge weihnachten zu feiern
und nicht bloß herunterzubiegen

1
lassen wir uns
ruhig zur schnecke machen
für die tage rund um weihnachten
ein ruhiges leben und langsamkeit –
das tut auf alle fälle gut
und kann vielleicht sogar
zur entdeckung für jahre werden

2
und noch was tut gut –
im heranwachsen des lichtes
vom kranz bis zum baum
liegt uns inne ein geheimnis –
es tut gut
nicht schwarz zu sehen

3
weil sie
einen besonderen namen hat –
diese nacht
weil es eben die stille nacht ist
kann sie vieles zum schweigen bringen –
auch unsere zweifel und verzweiflungen

4
zwar ist es nicht verboten
mitläufer zu sein im großen rennen
um aufputz und absatz
aber es ist doch ein ver-gehen
in die verkehrte richtung
und es ist unbezahlbar
was wirklich zählt –
die geborgenheit einer familie
das sein-können ohne schein
und gott
der mensch wird um unseretwillen

5
lassen wir uns
im licht der weihnacht
nicht die gelegenheit nehmen
auch das unscheinbare ins rechte licht zu rücken –
die täglichen handgriffe
die andere für uns tun
die täglichen gedanken anderer
die um uns die kreise der freundschaft ziehen
– die dankbarkeit könnte einen ehrenplatz haben
bei diesem fest

6
und wenn jemand sagt
weihnachten sei doch nichts als ein fest für kinder
dann stimmen wir ruhig zu
und wissen aufs neue –
wir alle sind kinder gottes

7
zwischen
backen und einpacken
zwischen hasten und rasten
zwischen aufkochen und abservieren
uns manchmal daran erinnern lassen –
der hecht im karpfenteich
heißt jesus christus

8
und noch eine kleine erinnerungshilfe –
wenn bei der jährlichen suche
nach dem christbaumkreuz
der gedanke kommt
was es eigentlich heißt
jemandem einen baum aufzustellen
dann denken wir ruhig auch an uns selbst
und daran
ob wir dieses kind groß werden lassen in unserem kleinmut

9
wenn er dann dasteht
der baum
über die nacht hinaus
in der wir uns heilig sind
dann laßt uns das weiterleben
wofür er weiterstehen soll –
nicht für die täglichen nadelstiche
sondern dafür
daß wir miteinander immer wieder auf einen grünen zweig kommen

10
gott kommt uns entgegen
ein kind wird zum zeichen
und all das
was mit weihnachten neugeboren wird –
zärtlichkeit und so viel an stiller hoffnung –
soll nicht in den kinderschuhen steckenbleiben
sondern wachsen und hand und fuß bekommen unter uns
es wäre schade
all dem gleich wieder das licht auszublasen
und es wegzupacken wie die christbaumkerzen
gott kommt uns entgegen
leuchten wir ihm die wege aus

ochs und esel

wenn christus –
das licht der welt –
das licht der welt
erblickt

dann
möchte ich
dabei sein
obwohl ich
kein ochs
und kein esel bin

verrückt

angenommen
es würde einer
an einem möglichst
unauffälligen kalendertag
– etwa am 23. august
einen christbaum aufputzen
um klar zu machen
christus muß jeden tag
geboren werden

– wir würden die köpfe schütteln
und ihn für verrückt erklären
oder?